Contents

Lesson 1
名片
话题
网址
网页
路

Lesson 2
日期
年
日语
导游

Lesson 3
大学
工厂
文章
照片
普通话

Lesson 4
社区
房子

博物馆
天安门广场
世界
公园

Lesson 5
游泳池
邮局
邮票
湖
桥
教堂

Lesson 6
环境
空气
交通
办公室
百货公司
警察局
古代
地铁

Lesson 7
肉
身体
筷子
餐厅
太太
酒
老人
汤
端午节
粽子

Lesson 8
暑假
动物园
熊猫
西山
海
船
滑冰

Lesson 9
眼睛

检查
体温
药
衣服
年轻人
宠物
小朋友

Lesson 10
语言
练习
方法

Lesson 11
网友
网络
机会
生活

Lesson 12
展览会
大家
专家

十字路口
句

Lesson 13
粉丝
队
（颜）色
运动服
明星
纽约
华人

Lesson 14
名人
龙舟
诗人
文学
农历
作品

Lesson 15
商场
书店
T恤
裙子
裤子

鞋
文化
照相机
雨伞
毛衣

Lesson 16
路人
酒店
前台
信用卡
护照
特产
风筝
行李
空调
饭
太阳

Lesson 17
日本
全家
意大利
停车场
成人

问题

Lesson 18
商店
价钱
手表
信息
冰箱
数码

Lesson 19
主页
内容
消息
设计
电子书
视频
国画
展览

Lesson 20
博客
速度
微博
会考

Lesson 21
太极拳
书法
服务
电视台

Lesson 22
沙漠
零用钱
外面
高中

Lesson 23
姓名
国籍

Lesson 24
南方
学院
校园
专业

Lesson 1

míngpiàn

名片

name card; (business) card

Lesson 1

huàtí
话题

topic, subject (of a talk or conversation)

Lesson 1

wǎngzhǐ
网址

website, (Internet) site

Lesson 1

wǎngyè
网页

web page

Lesson 1

lù

路

road, path, way

Lesson 2

rìqī
日期

date

Lesson 2

nián
年

year

Lesson 2

Rìyǔ

日语

Japanese

Lesson 2

dǎoyóu

导游

tour guide

Lesson 3

dàxué

大学

university

Lesson 3

gōngchǎng

工厂

factory

Lesson 3

wénzhāng

文章

writing, article

Lesson 3

zhàopiàn
照片

photograph, picture

Lesson 4

shèqū
社区

community

Lesson 4

fángzi

房子

house, building

Lesson 4

bówùguǎn
博物馆

museum

Tiān'ānmén
天安门

Guǎngchǎng
广场

Tian'anmen Square

Lesson 4

shìjiè
世界

world, universe

Lesson 4

gōngyuán

公园

park

Lesson 5

yóuyǒngchí
游泳池

swimming pool

Lesson 5

yóujú

邮局

post office

Lesson 5

yóupiào
邮票

postage stamp

Lesson 5

hú

湖

lake

Lesson 5

qiáo

桥

bridge

Lesson 5

jiàotáng
教堂

church, temple, cathedral

Lesson 6

huánjìng
环境

environment, circumstances

Lesson 6

kōngqì
空气

air

Lesson 6

jiāotōng
交通

traffic, transportation

Lesson 6

bàngōngshì
办公室

office

Lesson 6

bǎihuò

百货

gōngsī

公司

department store

Lesson 6

jǐngchájú
警察局

police bureau;
police station;
police department

Lesson 6

gǔdài

古代

ancient times

Lesson 6

dìtiě

地铁

subway, underground, tube

Lesson 7

ròu

肉

meat

Lesson 7

shēntǐ

身体

body

Lesson 7

kuàizi

筷子

chopstick

Lesson 7

cāntīng
餐厅

restaurant

Lesson 7

tàitai

太太

wife, Mrs

Lesson 7

jiǔ

酒

wine, alcohol

Lesson 7

lǎorén

老人

senior

Lesson 7

tāng

汤

soup

Lesson 7

Duānwǔ Jié
端午节

Dragon Boat Festival

Lesson 7

zòngzi
粽子

Zongzi (a traditional food eaten in Dragon Boat Festival)

Lesson 8

shǔjià
暑假

summer holiday

Lesson 8

dòngwùyuán
动物园

ZOO

Lesson 8

xióngmāo

熊猫

panda

Lesson 8

Xīshān

西山

Western Hills

Lesson 8

hǎi

海

sea

Lesson 8

chuán

船

boat, ship

Lesson 8

huábīng
滑冰

skating; to skate

Lesson 9

yǎnjing
眼睛

eye

Lesson 9

jiǎnchá

检查

check; to check

Lesson 9

tǐwēn

体温

temperature

Lesson 9

yào

药

medicine

Lesson 9

yīfu
衣服

clothes

Lesson 9

niánqīngrén

年轻人

young people

Lesson 9

chǒngwù
宠物

pet

Lesson 9

xiǎopéngyou

小朋友

child

Lesson 10

yǔyán

语言

language

Lesson 10

liànxí
练习

practice; to practise

Lesson 10

fāngfǎ
方法

method, way

Lesson 11

wǎngyǒu

网友

net friend

Lesson 11

wǎngluò
网络

the Internet

Lesson 11

jīhuì

机会

chance,
opportunity

Lesson 11

shēnghuó
生活

life

Lesson 12

zhǎnlǎnhuì
展览会

exhibition

Lesson 12

dàjiā

大家

everyone

Lesson 12

zhuānjiā

专家

expert

Lesson 12

shízì

十字

lùkǒu

路口

crossroads

Lesson 12

jù
句

sentence

Lesson 13

fěnsī

粉丝

fan

Lesson 13

duì

队

team

Lesson 13

(yán) sè
(颜)色

colour

Lesson 13

yùndòngfú
运动服

sportswear

Lesson 13

míngxīng
明星

star

Lesson 13

Niǔyuē

纽约

New York City

Lesson 13

huárén

华人

Chinese people

Lesson 14

míngrén
名人

celebrity

Lesson 14

lóngzhōu
龙舟

dragon boat

Lesson 14

shīrén

诗人

poet

Lesson 14

wénxué

文学

literature

Lesson 14

nónglì
农历

the traditional Chinese calendar

Lesson 14

zuòpǐng
作品

works

Lesson 15

shāngchǎng

商场

shopping mall

Lesson 15

shūdiàn
书店

bookstore

Lesson 15

T-xù

T恤

T-shirt

Lesson 15

qúnzi

裙子

skirt

Lesson 15

kùzi

裤子

trousers

Lesson 15

xié

鞋

shoes

Lesson 15

wénhuà
文化

culture

Lesson 15

zhàoxiàngjī
照相机

camera

Lesson 15

yǔsǎn
雨伞

umbrella

Lesson 15

máoyī

毛衣

sweater

Lesson 16

lùrén

路人

passerby

Lesson 16

jiǔdiàn
酒店

hotel

Lesson 16

qiántái

前台

information and reception counter

Lesson 16

xìnyòngkǎ
信用卡

credit card

Lesson 16

hùzhào

护照

passport

Lesson 16

tèchǎn
特产

local specialty

Lesson 16

fēngzheng
风筝

kite

Lesson 16

xíngli

行李

luggage

Lesson 16

kōngtiáo

空调

air-conditioning

Lesson 16

fàn

饭

meal

Lesson 16

tàiyáng
太阳

sun

Lesson 17

Rìběn

日本

Japan

Lesson 17

quánjiā
全家

the whole family

Lesson 17

Yìdàlì
意大利

Italy

Lesson 17

tíngchēchǎng
停车场

parking lot

Lesson 17

chéngrén
成人

adult

Lesson 17

wèntí
问题

question, problem

Lesson 18

shāngdiàn

商店

shop, store

Lesson 18

jiàqián
价钱

price

Lesson 18

shǒubiǎo

手表

watch; wrist watch

Lesson 18

xìnxī
信息

information

Lesson 18

bīngxiāng
冰箱

refrigerator

Lesson 18

shùmǎ
数码

digital

Lesson 19

zhǔyè
主页

homepage

Lesson 19

nèiróng
内容

content

Lesson 19

xiāoxi
消息

news

Lesson 19

shèjì
设计

to design;
design

Lesson 19

diànzǐshū

电子书

e-book

Lesson 19

shìpín
视频

video

Lesson 19

guóhuà

国画

traditional Chinese painting

Lesson 19

zhǎnlǎn
展览

to exhibit

Lesson 20

bókè

博客

blog, weblog

Lesson 20

sùdù

速度

speed

Lesson 20

wēibó
微博

microblog

Lesson 20

huìkǎo

会考

standardised test

Lesson 21

tàijíquán
太极拳

Tai Chi;
shadow boxing

Lesson 21

shūfǎ
书法

calligraphy

Lesson 21

fúwù
服务

service

Lesson 21

diànshìtái
电视台

TV station

Lesson 22

shāmò

沙漠

desert

Lesson 22

língyòngqián
零用钱

pocket money

Lesson 22

wàimiàn

外面

outside, outdoor

Lesson 22

gāozhōng
高中

high school

Lesson 23

xìngmíng
姓名

name

Lesson 23

guójí
国籍

nationality

Lesson 24

nánfāng
南方

south; in the south of China

Lesson 24

xuéyuàn
学院

college

Lesson 24

xiàoyuán
校园

campus

Lesson 24

zhuānyè

专业

major, subject